एक एहसास से अस्तित्व तक......

AF093298

यशिका चड्डा

Copyright © Yashica Chadha
All Rights Reserved.

This book has been self-published with all reasonable efforts taken to make the material error-free by the author. No part of this book shall be used, reproduced in any manner whatsoever without written permission from the author, except in the case of brief quotations embodied in critical articles and reviews.

The Author of this book is solely responsible and liable for its content including but not limited to the views, representations, descriptions, statements, information, opinions and references ["Content"]. The Content of this book shall not constitute or be construed or deemed to reflect the opinion or expression of the Publisher or Editor. Neither the Publisher nor Editor endorse or approve the Content of this book or guarantee the reliability, accuracy or completeness of the Content published herein and do not make any representations or warranties of any kind, express or implied, including but not limited to the implied warranties of merchantability, fitness for a particular purpose. The Publisher and Editor shall not be liable whatsoever for any errors, omissions, whether such errors or omissions result from negligence, accident, or any other cause or claims for loss or damages of any kind, including without limitation, indirect or consequential loss or damage arising out of use, inability to use, or about the reliability, accuracy or sufficiency of the information contained in this book.

Made with ❤ on the Notion Press Platform
www.notionpress.com

क्रम-सूची

1. अनजान उन रास्तों से — 1
2. कौन ? — 3
3. वह बात तुम्हें बताएं कैसे ? — 5
4. कभी किसी रोज़ — 7
5. दिल चाहता है — 10
6. तुम पर मैं निर्भर — 12
7. आप हैं साथ हमारे — 14
8. याद आपकी आए — 16
9. इजाज़त — 18
10. ये रात — 20
11. समेटा हैं मेने — 22
12. ज़माने की तोहमाते — 24
13. तेरी याद — 26
14. कैसे कहे — 28
15. ये प्यार हुआ कैसे? — 30
16. वो आंखें — 32
17. कुछ अमिट पल — 34
18. खामोश निगाहे — 36
19. पास हो तुम — 38
20. सिलसिला प्यार का — 40
21. साथ ले चलो अपने — 42
22. कहना है आपसे — 44
23. ये क्या हुआ — 46
24. हिम्मत — 47

1. अनजान उन रास्तों से

आज फिर अनजान हूं मैं,
उन रास्तों से
जो तूने दिखाए थे कभी,
आज फिर रास्ते से कह रही हूं
रास्ता बताने को,
वह पल थमता क्यों नहीं?
जिन पर हम चले,
वह रास्ते बदलते क्यों नहीं?
जिन पर हम चले
एक मोड़ पर,
एक साया सा लगा।
डर लगा, तो रास्ता बदल लिया।
के रास्तों पर क्यों?
आज तू, चल रहा है
मेरा हमसफ़र बनके
हां कहना है तुमसे
आज फिर ,
अनजान हूं मैं उन रास्तों से,
जो तूने दिखाए थे कभी।
देखो जो आकाश की ओर,
मौसम बदल गया।
महसूस करूं घटाओ को तो,
उनका रुख बदल गया।
आज मौसम के बदलने पर,

एक एहसास से अस्तित्व तक......

ना समझी मैं, पलकों को उठाया जो
एक चेहरा सा बन गया।
के अब तू ही आ कर दे,
इसकी परिभाषा मुझे
हां, आज फिर,
अनजान हूं मैं उन रास्तों से,
जो तूने दिखाए थे कभी।

2. कौन ?

कौन ?
कौन हो तुम?
देखा जो,
सुना जो,
चाहा भी,
सोचा तो,
कौन?
कौन हो तुम?
एक घबराहट,
एक हलचल,
पर, कैसी,
कौन?
कौन हो तुम?
धड़कनों से,
नित हृदय गति में निरंतर,
सरगमो से,
कौन?
कौन हो तुम?
सिर्फ एहसास,
यह चाहत,
वो प्यार,
पर,
कहां ?
कौन ?

एक एहसास से अस्तित्व तक......

कौन हो तुम?
धड़कनों में बसा
सांसों में चला
नजर में,
कौन?
कौन हो तुम?
एक अनजान चेहरा
वह मासूम हंसी
वह खामोश चाहत
कौन?
कौन हो तुम?
सोचा जब,
हंसी मैं,
कौन? कौन?
हां तुम,
मेरा मन।

3. वह बात तुम्हें बताएं कैसे ?

जो बात दिल से निकली
वह बात तुम्हें बताएं कैसे ?
आंखों ने जो कहा
चेहरे पर जो जाहिर था
वह बात तुम्हें बताएं कैसे ?
जो बात रह गई
दिल ही दिल में,
वह बात तुम्हें बताएं कैसे ?
जिस बात में थी खुशियां छुपी
जिस बात में था एहसास गम का,
वह बात तुम्हें बताएं कैसे ?
एहसास तुम्हें,
प्यार का दिल आए कैसे ?
जो बात दिल में रह गई।
वह बात तुम्हें बताएं कैसे ?
उस बात से थे हम,
मीत तुम्हारे,
बात बिगड़ी,
ना रहे मधुर गीत तुम्हारे,
साथ छूटा प्यार झूटा,
हर पल,
एक एहसास छूटा
पर,
जो बात है गई दिल में,

एक एहसास से अस्तित्व तक......

वह बात तुम्हें बताएं कैसे ?
उस बात में थी,
आवाज तुम्हारी,
उस बात में था राज़ हमारा
जो राज़ रह गई,
वह राज़ तुम्हें बताएं कैसे ?
जिस पर थे,
हम तुम सहारे,
जिस बात पर थे
हम सिर्फ तुम्हारे,
जो बात हद से गुजर गई
वह बात तुम्हें बताएं कैसे ?
जो बात दिल में रह गई,
वह बात तुम्हें बताएं कैसे ?

4. कभी किसी रोज़

कभी किसी रोज़
हम तुम साथ थे
कभी-कभी लगता था,
तुम हमारे पास थे
कभी कभी सोचे तो,
तुम हमारे खास थे
पर,
कभी किसी रोज़
हम तुम साथ थे
कभी-कभी
आंखों की रोशनी
झलकता मेरी आंखों से पानी
कभी-कभी
साथ तुम्हारा
रहता हमेशा
ऐहसास तुमहरा
कभी किसी रोज़
तुम सजन हमारे
सोचो तो,
रहती चाहत हमारी
कभी किसी रोज़
हम तुम साथ थे
कभी कभी
अपना अपना सा लगा

एक एहसास से अस्तित्व तक......

डर लगा,
और, पराया हो चला
सोचो तो,
तन्हायियो में,
कभी किसी रोज़
तुम थे हमारे
कभी कभी
देखा तो ये साथ
अपना सा लगा
सोचे तो,
सपना सा लगा
डर लगा
तो लगा
पर,
कभी किसी रोज़
हम थे तुम्हारे।
कभी किसी रोज़
हम तुम साथ थे
कभी-कभी लगता था,
तुम हमारे पास थे
कभी कभी सोचे तो,
तुम हमारे खास थे
पर,
कभी किसी रोज़
हम तुम साथ थे
कभी-कभी
आंखों की रोशनी
झलकता मेरी आंखों से पानी
कभी-कभी

साथ तुम्हारा
रहता हमेशा
ऐहसास तुमहरा
कभी किसी रोज़
तुम सजन हमारे
सोचो तो,
रहती चाहत हमारी
कभी किसी रोज़
हम तुम साथ थे
कभी कभी
अपना अपना सा लगा
डर लगा,
और, पराया हो चला
सोचो तो,
तन्हायियो में,
कभी किसी रोज़
तुम थे हमारे
कभी कभी
देखा तो ये साथ
अपना सा लगा
सोचे तो,
सपना सा लगा
डर लगा
तो लगा
पर,
कभी किसी रोज़
हम थे तुम्हारे।

5. दिल चाहता है

दिल चाहता है
पर क्यों चाहता है?
चाहत तुम्हारी
दिल चाहता है
पर क्यों चाहता है?
साथ तुम्हारा
देखता है आईना
तू चाहता है,
के चेहरा तुम्हारा
नींद नहीं आती
तो सोचता है
सपना तुम्हारा
आखिर दिल ही तो है
यह क्या ?
धड़कन तुम्हारी
नजरों ने देखा
क्या हुआ, धोखा
मूरत तुम्हारी
दिल चाहता है
पर क्यों चाहता है?
सुनना आवाज़ तुम्हारी
चोरी चोरी
बातें कि मैंने खूब
कुछ पलों में, किससे

हैरान हूं मैं, कि तुमसे
क्या पागल थी मैं
या हो रही हूं, नहीं
यह तो मोहब्बत है
तुम्हारी।
दिल चाहता है
पर क्यों चाहता है ?
देखना चेहरा तुम्हारा
सोचती हूं,
तो तुम पास हो
पर यह क्या,
मेरा वहम
डर लगा, थोड़ा लगा
समझा तो,
अब इश्क हुआ
दिल चाहता है
पर क्यों चलाता है?
चाहत तुम्हारी।

6. तुम पर मैं निर्भर

आज तुमपर, मैंनिर्भर
क्या तुम जानते हो?
आज तुमसे मेरा जीवन
क्या तुम जानते हो?
आज तुमसे मेरी हर खुशी
तुम हो सांसों में
दिल कहता है
धड़कन गीत गाती है
नन्ना सा मन मेरा,
आज तुम पर है,जो निर्भर
क्या तुम जानते हो?
तुम आए, कि जैसे
पतझड़ में बहार आई
सूखे खेतों में हरियाली आई
धड़कते धड़कते ही,
धड़कने रुक गई
कि तुम्हें सामने पाकर
मैं शरमा गई,
कि दिल मेरा,
थमता जा रहा है
झुकती हुई नजर से,
ना अब उठा जा रहा है
झुकी हुई नजरों से,
करते हैं दीदार

यशिका चड्डा

तुम्हारा,
क्या तुम जानते हो?
हम हैं प्यार तुम्हारा
आज तुम पर, मैं निर्भर
क्योंकि ,
तुम हो मेरा सहारा
पडू मैं कमजोर कहीं
तो शायद,
तुम्हारा ही आसरा
आज तुम पर, मैं निर्भर
कि तुमसे मुझे
ऐसी प्रीत होती जा रही है
परमात्मा की रूह जैसे,
मुझमें लीन होती जा रही है
सांस ली तो यह कैसी,
खुशबू आई,
आरती किसी ने जैसे,
तेरी उतारे,
कि तेरी सांसों में,
मैं लीन होती जा रही हूं
संभाल मुझको,
मैं तेरी मनमीत,
होती जा रही हूं
के आज,
तुम पर निर्भर।

7. आप हैं साथ हमारे

आप हैं साथ हमारे,
या, सिर्फ एहसास है
आप हैं खास हमारे
या, सिर्फ एहसास
कुछ दूरी पर खड़े,
पर है साथ हमारे
या सिर्फ एहसास है
शरीर दूर पर,
मन पास हमारे
या, सिर्फ एहसास है
जिस जगह खड़े
पर दूर,
है पास हमारे
या, सिर्फ एहसास है
किया जहां ज़िक्र मेरा,
है आप हमारे
या, सिर्फ एहसास है
ढूंढती है नज़र जिसे
हैं आपकी नज़र
या, सिर्फ एहसास है
लम्हे उन यादों के,
याद आए,
या, सिर्फ एहसास है
क्यों हर पल बात हमारी?

क्यों हर पल याद हमारी?
वह चाहती याद आई
या, सिर्फ एहसास है
नन्ही सी गुड़िया मैं
नन्हा सा प्रेम मेरा
वह शैतान याद आई
या, सिर्फ एहसास है।

8. याद आपकी आए

याद आपकी आए
तो क्या करें ?
दिल मेरा घबराए
तो क्या करें ?
खुशी से जो आंखें बंद करें
गम नज़र आए
तो क्या करें ?
चाहते हैं हम आपको
वह चाहत याद आए,
तो क्या करे ?
ढूंढती है आंखें जिन्हें,
वह जगह याद आए
तो क्या करें?
दिल कहीं रहता नहीं
टिक्कर,
वह प्यार याद आए
तो क्या करें?
हंसता है कोई अपना सा,
याद आए,
तो क्या करे?
उस स्थान पर हूं
मैं आज, जहां
हर चीज वही हैं
पर नही साथ हमारे

यशिका चड्डा

तो क्या करे?
वक्त कही गुज़रता नही
तुम्हे देखे बगैर
वह इंतजार याद आए
तो क्या करे?
हर पल लगे,
के बस दिल थमा,
के धड़कन रुकी
के आप आए,
या, सिर्फ एहसास हैं।

9. इजाज़त

इस इश्क मे,
आंखो को पड़ने की,
इजाज़त तो दिजिए
इस इश्क मे,
सांसों मे सिमटने की
इजाज़त तो दिजिए
हां,
इन होंठो को, प्यास की
इजाज़त तो दिजिए
इस इश्क में
मेरे जिस्म को
अपनी महक की
इजाज़त तो दिजिए
के ख्वाबों में,
आपके पास,
हर सिम्त रहने की
इजाज़त तो दिजिए
हां,
इस इश्क मे
प्यार करने की
इजाज़त तो दिजिए
हां,
आपके प्यार मे
आपसे शर्माऊ

यशिका चड्डा

इजाज़त तो दिजिए
एक साया सा है जो
हर पल आपके पास
रहने की
इजाज़त तो दिजिए
इस इश्क मे
ईश्वर न सही
ईश्वर की तपस्या
कहेंगे आपको
इजाज़त तो दिजिए
हर सिम्त ,
नज़र के सामने
रहने की
इजाज़त तो दिजिए
के होके दुनिया से बेखबर
आपमें ही कही खो जाऊं
खुद से पूछकर
ज़रा,
इजाज़त तो दिजिए
इस इश्क मे
मर जायेंगे,आपके लिए
इजाज़त तो दिजिए।

10. ये रात

ये रात कितनी सुहानी हैं
जो नींद नहीं आती
चांद के पास चांदनी
का गुरूर देख
नींद नही आती,
टिमटिमाते तारे
पूछते हैं जो
कहा हैं वो
तब नींद नही आती
ये रात कितनी सुहानी हैं
को नींद नही आती
सोचकर पास पर, कही वो
तब नींद नहीं आती
ले ले कर करवट
देखती हूं तो
नींद नही आती
आपका साया भी
रहता हैं जो मेरे पास
तब नींद नही आती
ये रात कितनी सुहानी हैं
जो नींद नही आती
के रात भर
आपको सोचते रहे
पर नींद नही आती

के आपको देखने से
फुरसत मिलती नही
पर नींद नही आती
आपके पास रहने
का एहसास
रहता हैं जो हर पल
पास,
तब नींद नही आती
आप भी सोचते
हो क्या?
ये सुहानी रात
और नींद नही आती।

11. समेटा हैं मेने

आपकी कुछ यादें है
मेरे पास,
जिन्हे हर पल के लिए
समेटा हैं मेने
ये सोचकर,
ज़िंदगी के सफर में
हाथ छूट जाए गर,
तो इन्हे समेटा हैं मेने
आज दिल करता हैं
आपको दुनिया से छुपा लू
अपना अस्तित्व बना लू
सबको दिखा दू
की आपको आंचल में,
अपने समेटा हैं मेने
आपकी कुछ यादों के भरोसे
रह लेंगे हम,
के उन यादों पर
हक समझकर,अपना
जी लेंगे हम,
हां, उन्ही यादों को
जीवन साथी समझकर
समेटा हैं मेने
के आपके प्यार की
निशानी समझकर

समेटा हैं मेने
किस्मत के ये रास्ते
जिन पर साथ चले हम
बदल भी गए
तो,
आपकी यादों को हर पल
समेटा हैं मेने
जिस ईश्वर का सिमरन कर
दीप जलाए
उस सुलघाती हुई लो को
समेटा हैं मेने।

12. ज़माने की तोहमाते

इस ज़माने की तोहमाते ,
तुझे गवारा न होगी
बढ़ के थाम लू गर
तेरा हाथ, तो
हमे इस ज़माने में
जीने की इजाज़त ना होगी
तेरे प्यार पर,
एतबार तो हम कर लेंगे
पर तेरे प्यार पर सभी की
इनायत न होगी।
बढ़ के थाम लू गर
तेरा हाथ, तो
ज़माने की तोहमाते
तुझे गवारा न होगी
जो दिखाए रास्ते तुमने,
उन पर ,
चल भी लू गर
तुम्हारा साथ समझकर
पर कदमों तले
बिखरे कांटे
तुझे गवारा न होंगे
जिंदगी जी कर
जिस बज़्म में जाती हैं
यूही,

तेरी सांसों में सुलगने की,
कोशिश जो करु गर
ये सांसे किसी से
मिलने के लिए
दुबारा न होगी।
इस ज़माने की
तोहमते तुझे गवारा न होगी।
मुहोब्बत करना,
इतना आसा होता गर
तो, यूही आशिकों के जनाज़े,
ज़माने को गवारा न होते।
प्रेमियों के पीछे लोग इतने
आवारा न होते
बढ़ के थाम लू
तुझे जिंदगी बार के लिए,
पर इस ज़माने की तोहमाते
तुझे गवारा न होगी।

13. तेरी याद

जब भी तेरी याद
हद से गुज़र जाती हैं
इंतजार की आस
लम्हों में टूट जाती हैं
कौन कहता हैं के मैं बस,
युही तड़प जाती हूं
क्या करू, हाय
आहत भी नही आती हैं
गुस्ताखी इस दिल से,
बार बार हो जाती हैं
कैसे कहूं, ज़ालिम
बैचेन कर जाती हैं
कयो इस कदर
तेरे प्यार मे,
मैं मजबूर हो जाती हूं
न चाह कर भी बार बार
शर्म जो आ जाती हैं
इस कदर तेरे प्यार के
साए से मैं गुज़र जाती हूं
खुली आंखों से सपनो को
परवाज़ दे जाती हूं
तेरे विश्वास के दामन में
मैं बंधी रह जाती हूं
शायद,

यशिका चड्डा

जब भी तेरी याद
हद से गुज़र जाती हैं
इंतज़ार की आस
लम्हों में टूट जाती हैं।

14. कैसे कहे

आपसे प्यार करते हैं
कैसे कहे,
आपको महसूस करते हैं
कैसे कहे,
प्यार के दुश्मन हज़ार होते हैं
खुशियां कम गम हज़ार होते हैं
आपको चाहा करते हैं
कैसे कहे,
आपको मांगा करते हैं
कैसे कहे,
आपसे प्यार करते हैं
कैसे कहे,
समझने की कोशिश
तो करो
रास्ते बदल जाएंगे
कुछ पाने की इच्छा न रखो
ये पल भी सिमट जायेंगे
आपको समझा करते हैं
कैसे कहे,
आपको सोचा करते हैं
कैसे कहे,
आपको प्यार करते हैं
कैसे कहे,
हमेशा से हर जन्म में

हम होंगे तुम्हारे
हमेशा हमेश मैं
तुझमें रहूंगी।
तुम होंगे हमारे
किस्मत से जो मिले,
वो खुदा की इबादत होगी।
किस्मत में जो न मिले,
तो खुदा से शिकायत होगी।
हां,हम,
आपकी धड़कनों में समाते हैं
कैसे कहे,
आपको खुदा समझते हैं
कैसे कहे,
आपसे प्यार करते हैं
कैसे कहे।

15. ये प्यार हुआ कैसे?

ये प्यार हुआ कैसे?
हां, अनजान हूं मैं
ये एहसास हुआ कबसे?
हां, अनजान हूं मैं
कभी सोचते हैं,तो
कभी देखते हैं, उन्हे
लाते नही जुबां पर उन्हें
एक वो हैं जो,
समझते नही हमें,
ये प्यार हुआ कैसे?
हां, अनजान हूं मैं
वो नजर आए कैसे
हां, अनजान हूं मैं
दिल में दिखा चेहरा जो,
धड़कनों ने सुनी आवाज़ जो,
तुम्हारी ही लगी, या
कुछ बाते हैं
ये प्यार हुआ कैसे?
हां,अनजान हूं अब तक
के सोच लिया मन ने,
तुम्हे परमात्मा की जगह देकर।
ऐसी सोच हुई कबसे
हां, अनजान हूं मैं
तुम मेरे साथ हो कबसे

यशिका चड्डा

हां, अनजान हूं मैं
ये प्यार हुआ कैसे?
हां, अनजान हूं मैं। ।

16. वो आंखें

वो आंखे क्या देखी
के डूब रहे हैं हम
वो चाहत क्या देखी
ये सोच रहे हैं हम
वो आंखे बहुत कुछ
बता रही थी
कुछ बताने से पहले
बहुत कुछ छुपा रही थी
पूछे उन आंखो से कैसे?
वो हमे देख के शर्मा रही थी
उन आंखो की रोशनी
चांदनी से भी हसीन थी
के हमसे भी नजरे न
मिलाई जा रही थी
प्यार का समंदर भरा सा
लगा उन आंखो में
के झलका, डर लगा
के गिर गया मोटी
उन आंखो से
और उन आंखो की इबादत
कयामत ढा रही थी।
वो आंखे क्या देखी
डूब रहे है हम
वो चाहत क्या देखी

ये सोच रहे हैं हम
उन आंखो में ऐसी
चाहत देखी हमने
के उस चाहत में
तस्वीर अपनी देखी
रब के दीदार की
तमन्ना जैसे खत्म हो गई
तकदीर जैसे मैंने
उन आंखो में
अपनी पढ़ ली।

17. कुछ अमिट पल

यादें कुछ ऐसे
अमिट पल की
याद आ रही हैं
के मौसम के बरसने पर
रास्ता बता रही है
के यूंही हो उठता हैं दिल बैचेन
नजाने ये धड़कन क्या
चाह रही हैं
यादें कुछ ऐसे
अमिट पल की
याद आ रही रही हैं
कि धड़कन मेरी थमी
सी लग रही हैं
या समय कही थमा
सा लग रहा हैं
आज,
मेरी सांसे महसूस
कर रही हैं
इस हवा के स्पर्श को
जो मेरे मन को छूकर
निकलती हैं उस पार को
यादें कुछ ऐसे
अमिट पल की
कि घटाओ ने आज

फिर मेरे कानो में
कुछ कहा, सुनकर
जो देखा
आकाश की ओर
एक चेहरा सा बन गया
आज नजाने क्यों मैं
और मेरा अस्तित्व सामने
खामोश खड़ा हैं
जिसे देख रही हूं
वो मेरा ही रूप दूसरा हैं
आज नजाने क्यों मैं
खुद को अंजनी सी
लग रही हूं
पर,
किसे देखने कि तमन्ना हैं
और किसे देख रही हुं।

18. खामोश निगाहे

मेरी खामोश निगाहों की
फरियाद तो सुनता जा बेखबर
इनकी खामोशी पर इतराता है
क्यों इस कदर
के इन्हे देख के सोचेगा
इस तरह से तू
कि राज़ हैं क्या?
इन खामोश निगाहों में
हम खामोशी से आपकी
आंखो में प्यार इस कदर
न देखते,
जिस तरह आप ने हमसे
इश्क का इज़हार सरेआम
कर दिया,
के इन खामोश आंखो में
नशा सा छा गया
तुम्हे देखकर,
खामोशी में लगा
ये आंखे आज बेहाल गई।
मेरी खामोश निगाहों की
फरियाद तो सुनता जा बेखबर
के फिर नही देखूंगी
पलट कर तुझे जिंदगी में
इन बहक चुकी निगाहों में

क्यों तू मस्ती भर रहा है
अपनी निगाहों की
के इन मस्ती भरी निगाहों को
मुझसे दूर रख,
बहक गई जो मेरी आंखों
को देखकर,
तो न संभल पाना
मेरी शर्त होगी।

19. पास हो तुम

आप मेरे पास तो नही
पर पास हो
एक एहसास तो नही
पर एहसास हो
आप मेरे साथ तो नही
पर साथ हो
ये किस दुविधा में हूं आज
के पास हो
दूर दूर तेरे पास
आवाज मेरी जाति तो न होगी
याद तुझे पल पल,
हर पल मेरी आती तो न होगी
ये सोच के बैठी
मैं आज शाम
के पास तो नही
पर पास हो तुम
मेरी जान तो नही
पर जान हो तुम
बैचेन सी धड़कन
जो याद करती हैं तुम्हे,
इस बैचेनी में तुम्हे,
याद आती तो न होगी
तड़पा लोगे तो तड़पते है
तरसा लोगे तो तरसते हैं

यशिका चड्डा

आपके प्यार में,
यही दुआ हम करते हैं।

20. सिलसिला प्यार का

ये सिलसिला प्यार का
यूंही दरमिया रहता हैं
यहां जमी, वहा
आसमां रहता हैं
के जिस तरह जमी
आसमां में अंतर रहता हैं
उस तरह प्यार में दूरियां
ये दिल सेहता हैं
तेरे करीब आने की
चाहत से मजबूर हूं
तेरे प्यार की कीमत
से भी मजबूर हूं
कितने कीमती तुम
हमारे लिए,पर
तुम वहां,और मैं यहां
पल पल के लिए
ये सिलसिला प्यार का
क्यों इतना दरमिय रहता हैं
दो दिलों में दूरियां
क्यों ईश्वर रखता हैं
क्यों नयनों में अश्क
मोटी से कीमती लगता हैं
क्यों ये धड़कन दूर जाने से
तड़पती हैं

साथ ले चल इसे
ये थम जाने से न डरती हैं
क्यों इतनी चाहत
तेरे मेरे बीच रह जाती हैं
समझे गर तो,
समझाई नही जाति हैं
क्यों इस दूरी में
बैचेन होकर तड़पती हूं
तेरी मुहोबबत की
कशिश सी रह जाती हैं।

21. साथ ले चलो अपने

साथ ले चलो अपने
के रुकना यहाँ
गवारा नही
दुनिया की इस भीड़ में
गैरो में अपनो में
कोई यहाँ हमारा नही
के हमारे दिल की
गहराई को, यहाँ
कोई समझ न पाएगा
के हमारे प्यार की
सच्चाई का यहाँ
मज़ाक़ बनाया जाएगा।
साथ ले चलो अपने
के ये दिल, ये धड़कन,
ये जिस्म,
यहाँ दुबारा न होगा
अब हमारा यहाँ रुकना
गवारा न होगा ।
कोई थाम ले आकर मुझे
इससे पहले चलो कही
कि ऐसी दिवानी दुबारा
न होगी ।
साथ ले चलो अपने
के ये जाँ दुबारा न होगी ।

कोई चुरा ले हमें, आपसे
तब यहाँ मिलना
दुबारा न होगा
के अब रुकना यहाँ
गवारा न होगा ।
क़सम तुम्हारी गर
कोई देख भी जाए
तो ये जिस्म दुनिया में
दुबारा न होगा ।
साथ ले चलो अपने
के रुकना यहाँ
गवारा न होगा ।

22. कहना है आपसे

कितना प्यार उमड़ आया है आज , आप पर
कहना है आपसे
कितना याद किया हैं
आज आपको
कहना हैं आपसे
रुक जाते इस राह में
पर ये इश्क़
गहरा हो गया था
रोका तो बहुत
जैसे दिल का
पहरा हो गया था ।
कितना प्यार उमड़
आया हैं आज,
आप पर
कहना हैं आपसे,
इस पल ने तड़पाया हैं
आज कितना
कहना हैं आपसे,
के आपकी यादों पर
अपना कोई बस
चलता नहीं जैसे
के प्यार पर आपके
अपना कोई हक
बनता नहीं जैसे

यशिका चड्डा

पर, कितना प्यार उमड़
आया हैं आज
आप पर
नजाने किस हक से
पूछना हैं आपसे ?

23. ये क्या हुआ

ये क्या हुआ ?
मैं दीवानी तेरी हो गयी
ख़ुद को रोका
पर, कहानी कोई हो गयी
ये क्या हुआ ?
सब कहने लगे
ये बीमारी कैसें हो गयी
नजाने कैसें दिल मिले
और, सब कहने लगे
मैं दीवानी तेरी हो गयी ।
तुझसे नजरे क्या मिली
ये कहानी शुरू हो गयी ।
सोचा के रुक जाऊ
पर देर बहुत हो गयी ।
अब क्या होगा
जब ये कहानी
तेरी मेरी हो गयी ।

24. हिम्मत

आपकी मुहोब्बत में
आगे बड़ने की
हिम्मत रखते हैं हम
आपकी मुहोब्बत में
आपको पाने की
हिम्मत रखते हैं हम
अपने इश्क़ की
सच्चाई के साथ
मार जाने की
हिम्मत रखते हैं हम
आपको सभी से
चुरा लेने की
हिम्मत रखते हैं हम
आपको अपना बनाने की
हिम्मत रखनते हैं हम
आपकी चाहत में
हद से गुज़र जाने की
हिम्मत रखते हैं हम
आपके इश्क़ में
ज़माने से लड़ने की
हिम्मत रखते हैं हम
आपकी इबादत में
दीवानेपन की
हिम्मत रखते हैं हम

एक एहसास से अस्तित्व तक......

आपकी नज़ाकत से
ईश्वर की जगह
रखते हैं हम
आपको मुहोब्बत में
आगे बदने की
हिम्मत रखते हैं हम ॥

www.ingramcontent.com/pod-product-compliance
Lightning Source LLC
LaVergne TN
LVHW041638070526
838199LV00052B/3444
9798889511045